ESTES SONHOS PERTENCEM A:

DATA:

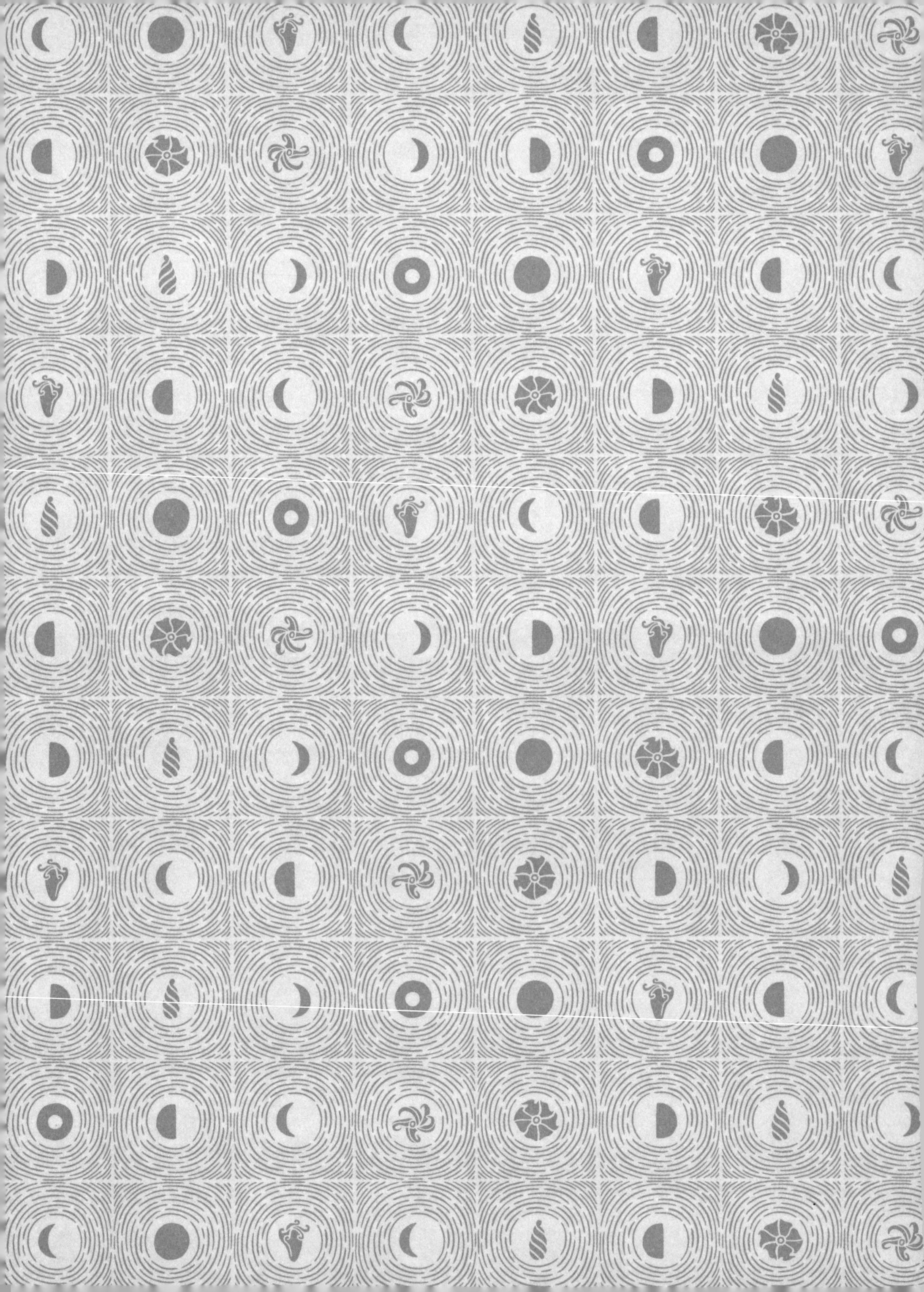

DIÁRIO DOS SONHOS

CAITLIN KEEGAN

EDITORA

"QUEM OLHA
PARA FORA,
SONHA;
QUEM OLHA
PARA DENTRO,
DESPERTA."

~ C. G. JUNG

Sonhos podem ser vagos e intangíveis, breves e provocativos, confusos, enfurecedores, emocionantes ou tudo isso ao mesmo tempo. Procuramos desvendar os sonhos, porque eles ajudam a nos conectar com nossos sentimentos e intuição, trazendo percepções profundas sobre nossos valores, relacionamentos e nosso eu mais íntimo.

Talvez você tenha procurado este diário porque a interpretação dos sonhos desperta seu interesse, porque deseja manter um registro de seus sonhos mais intrigantes ou porque está em busca de uma nova maneira de se conectar com seu eu espiritual.

Embora estas páginas possam conter algumas das respostas para suas curiosidades existenciais mais profundas, os benefícios da interpretação dos sonhos vêm com a atenção plena e a prática. Preencher regularmente um diário de sonhos pode ajudar a fortalecer sua intuição, e, com a prática, a interpretação dos sonhos pode iluminar verdades profundas, não apenas sobre seu relacionamento com o mundo e os que estão nele, mas também sobre seu relacionamento consigo mesmo.

O QUE ACONTECE QUANDO SONHAMOS?

A neurociência nos diz que os sonhos ocorrem independentemente da mente racional. Enquanto dormimos, a química do cérebro faz com que nossos instintos primitivos, processamento visual, empatia e intuição sobrepujem a esfera cerebral mais racional. O resultado é a colagem de sentimentos e imagens que formam nossos sonhos.

O notável psicólogo e pesquisador Carl Jung foi defensor de uma interpretação metafórica dos sonhos. Ele acreditava que os símbolos presentes neles refletem associações pessoais e coletivas. Jung estabeleceu uma comparação entre nosso subconsciente e uma casa: a base da casa contém associações de imagens profundamente enraizadas na cultura de nossos ancestrais, enquanto os níveis superiores contêm associações mais pessoais. A base, nessa analogia, é o que Jung chamou de inconsciente coletivo.

Os sonhos geralmente recorrem a símbolos visuais, mas aspectos do inconsciente coletivo às vezes também podem se manifestar por meio da linguagem. Metáforas penetram em nosso subconsciente e influenciam nossos sonhos de maneiras incomuns.

COMO OS SONHOS SÃO INTERPRETADOS?

Ao fazer a interpretação dos sonhos, pode ser útil considerar diversos ângulos: primeiramente, pense em termos de consciência individual ou no que os lugares, pessoas e situações que aparecem em seus sonhos significam para você. Então, considere os sentimentos e emoções que surgem no sonho. Como você estava se sentindo (contente, ansioso, com medo etc.)?

Depois de explorar suas conexões pessoais com o conteúdo de seus sonhos, examine o inconsciente coletivo. Use o dicionário deste livro como ponto de partida para desvendar o significado mais profundo das situações, personalidades, ações e sentimentos em jogo em seus sonhos diários.

DICIONÁRIO

DE SÍMBOLOS

A

abdômen: reconhecimento de instintos primitivos
acidente: ansiedade relacionada a um resultado inesperado
acidente de carro: necessidade de controlar impulsos e ambições
advogado: *veja* Funções & ocupações, pág. 24
afogamento: sentir-se sobrecarregado
agachado: *veja* Posturas & movimentos, pág. 23
agricultor: *veja* Funções & ocupações, pág. 24
água: sentimentos ou fluxo emocional
água-viva: *veja* Animais, pág. 20
agulha: consertar ou ir além da superfície
ajoelhado: *veja* Posturas/movimentos, pág. 23
alfaiate: *veja* Funções & ocupações, pág. 24
amarelo: *veja* Cores, pág. 10
ambulância: sensação de pânico, emergência
âncora: uma sólida compreensão das emoções, não estar à deriva
andando: *veja* Posturas/movimentos, pág. 23
anel: parceria, compromisso
anfíbios: *veja* Animais, pág. 20
animal de estimação: responsabilidade ou cuidado e carinho incondicionais
arco-íris: esperança
areia: pequenas coisas que se acumulam ou a passagem do tempo
areia movediça: necessidade de uma base mais firme ou dificuldade de manter a calma
arma(s): dor internalizada
armadura: autoproteção ou esquiva de críticas
armário: *veja* Interiores & casa, pág. 16
artista: *veja* Funções & ocupações, pág. 24
árvore: enraizamento ou crescimento espiritual
ascensão: ampliar a consciência ou seguir em frente

avião/âncora

assinatura: individualidade ou acordo
avião: ambição, arriscar-se ou deixar coisas para trás
azul: *veja* Cores, pág. 10

B

bagagem: *veja* bolsa
balança: pesar prós e contras
banco: *veja* Edifícios & geografia, pág. 12
banda: trabalho em equipe, harmonia
bandeira: orgulho, nacionalismo ou chamar a atenção para algo
banheiro: *veja* Interiores & casa, pág. 16
banho: imersão em sentimentos ou necessidade de aliviar a culpa
banquete: necessidade de impressionar ou preocupação com classe e posição social
barbeiro: *veja* Funções & ocupações, pág. 24
barco: "navegar" circunstâncias ou sentimentos imprevisíveis
barraca: *veja* Edifícios & geografia, pág. 12
***bartender*:** *veja* Funções & ocupações, pág. 24
batida (na porta): ideia, sentimento ou situação pedindo para entrar

bebê: sensação de necessidades não atendidas, dependência ou vulnerabilidade
beber: satisfazer necessidades emocionais
beijo: comunicação sensível ou conexão íntima
biblioteca: *veja* Edifícios & geografia, pág. 12
bicicleta: esforço ou motivação
boca: dar voz a sentimentos e experiências
boi: *veja* Animais, pág. 20
bolsa: recursos internos ou responsabilidades
bolso: segredos ou recursos
bomba: medo de ser surpreendido ou de vivenciar situações instáveis
bombeiro: *veja* Funções & ocupações, pág. 24
boneca: memórias de infância ou experimentação com diferentes traços de personalidade
braços: buscar ou oferecer ajuda intencionalmente
branco: *veja* Cores, pág. 10
brejo: *veja* Edifícios & geografia, pág. 12
briga: *veja* discussão
brinquedo: brincar, divertir-se, não levar as coisas muito a sério
buraco: uma rota de fuga ou situação complicada
burro: *veja* Animais, pág. 20
bússola: busca por direção

C

cabana: *veja* Edifícios & geografia, pág. 12
cabeça: definição de intenções
cabeleireiro: *veja* Funções & ocupações, pág. 24
cabelo: observação da autoimagem
cachorro: *veja* Animais, pág. 20
cadeira: *veja* Interiores & casa, pág. 16
café: amizade, vigilância ou estímulo
cafeteria: *veja* Edifícios & geografia, pág. 12
cama: *veja* Interiores & casa, pág. 16
câmera: considerar determinado ponto de vista
caminho: um ponto de vista específico sobre vida, trabalho ou relacionamentos
campo: *veja* Edifícios & geografia, pág. 12
camundongo: *veja* Animais, pág. 20
caneta/lápis: desejo de comunicação
cantar: autoexpressão, liberdade
capitão: *veja* Funções & ocupações, pág. 24
carro: liberdade, independência ou progresso
cartas: 1. jogo: competição, acaso, risco; 2. cartão: comunicação de sentimentos
cartaz: algo trazido à tona pelo inconsciente
carteira: segurança ou autoestima
casa (em geral): *veja* Interiores & casa, pág. 16
casaco: *veja* Vestuário, pág. 27
casamento: *veja* matrimônio
cavalo: *veja* Animais, pág. 20
caverna: *veja* Edifícios & geografia, pág. 12
cegueira: recusa em reconhecer algo ou necessidade de olhar além do óbvio
celebridades: refere-se aos sentimentos de quem sonha por uma pessoa ou, mais comumente, uma necessidade de ser notado
ceramista: *veja* Funções & ocupações, pág. 24
cerca: necessidade de estabelecer limites
cérebro: confiança no intelecto
céu: alto nível de consciência; a cor do céu reflete o humor de quem sonha (*veja também* Cores, pág. 10)
chá: dar-se tempo para absorver o ambiente circundante
chapéu: *veja* Vestuário, pág. 27
chave: epifania, solução ou novas possibilidades
chefe de cozinha: *veja* Funções & ocupações, pág. 24
choro: liberação emocional

chuva: liberação emocional
cientista: *veja* Funções & ocupações, pág. 24
cinema: *veja* Edifícios & geografia, pág. 12
cinto: *veja* Vestuário, pág. 27
cinza: *veja* Cores, no quadro ao lado
circo: *veja* Edifícios & geografia, pág. 12
círculo: *veja* Formas geométricas, pág. 14
cirurgia: ação incisiva para lidar com uma situação insalubre
cisne: *veja* Animais, pág. 20
clima: mudanças de humor e emoções
cobertor: conforto, segurança
cobra: *veja* Animais, pág. 20
coelho: *veja* Animais, pág. 20
cofre: recursos internos profundos
cogumelos: estratégias de crescimento ou situação potencialmente benéfica ou tóxica
coluna: *veja* costas
comer: satisfação de apetites ou necessidades
computador: racionalidade
concha: sentimento ou impressão de segurança
conversar: necessidade de justificar uma opinião ou de ser ouvido e compreendido
copo: necessidades emocionais satisfeitas
coração: contenção de emoção, simpatias ou desejos
corda: restrição, apego ou conexão
cores (em geral): *veja* Cores, pág. 10
corredor: *veja* Interiores & casa, pág. 16
correndo: *veja* Posturas & movimentos, pág. 23
corrente: restrições ou relações intensas, a depender do contexto
corrida: competição ou finalização de uma tarefa
cortina(s): ocultar ou revelar algo temporariamente
coruja: *veja* Animais, pág. 20
corvo: *veja* Animais, pág. 20

CORES

amarelo	otimismo
azul	tranquilidade
branco	consciência, clareza
cinza	simplicidade
índigo	espiritualidade
laranja	generosidade
marrom	cordialidade ou praticidade
ouro	valor
verde	crescimento
vermelho	paixão ou medo

costas: reconhecimento de força ou assertividade
costura: formar uma autoimagem
cozinha: *veja* Interiores & casa, pág. 16
cozinhar: subsistência ou transformação
cozinheiro: *veja* Funções & ocupações, pág. 24
crocodilo: *veja* Animais, pág. 20
curativo: necessidade de remediar uma situação dolorosa

concha/disco

D

dançar: felicidade, sentir-se confortável ao redor de outras pessoas ou demonstração de habilidade

deitado de costas/deitado de bruços: *veja* Posturas & movimentos, pág. 23

deixar o corpo: seguir em frente ou libertar-se de responsabilidades

dentes: mostrar agressão ou defesa

dentes caindo: preocupação com perda ou mudança de imagem

desconhecido: *veja* Funções & ocupações, pág. 24

deserto: *veja* Edifícios & geografia, pág. 12

diabo: tentação, apego, raiva ou emoções reprimidas

diário: coleção de reflexões pessoais, percepção interna

disco/LP: reconhecimento de desempenho ou conquista, ou registro

discussão: conflito interno ou necessidade de entender outras perspectivas

doença: sentimento interno de que algo está errado ou apego a uma memória dolorosa

E

editor: *veja* Funções & ocupações, pág. 24

elefante: *veja* Animais, pág. 20

eletricidade: energia, potencial abundante

elevador: *veja* Interiores & casa, pág. 16

em pé: *veja* Posturas & movimentos, pág. 23

embrulho: *veja* pacote

empacotar: aplicação do conhecimento acumulado ao longo da vida a uma nova situação

encanamento: *veja* Interiores & casa, pág. 16

encruzilhada: possibilidades conflitantes ou decisão

engolir: guardar algo para si ou digerir algo

enterro: desapegar do passado

ervas daninhas: resiliência ou energia mal-empregada

escada: passos em direção a algo que está fora de alcance

escadaria: *veja* Interiores & casa, pág. 16

escola: *veja* Edifícios & geografia, pág. 12

esconder: medo de críticas ou evasão

escrever: transmissão de conhecimento

escritório: *veja* Interiores & casa, pág. 16

escrivaninha: *veja* Interiores & casa, pág. 16

escuridão: segredos ou incertezas

espaço: expansão para além dos limites ou limitações anteriores

espelho: autoexame ou preocupação com a própria imagem

esperar na fila: comparação da sua posição na vida com a de outras pessoas ou estagnação

espionar: segredo ou suspeita

espiral: *veja* Formas geométricas, pág. 14

estátua: reconhecimento de conquistas passadas ou sentimento de que alguém lhe é indiferente

estrela(s): desejos, esperanças ou descoberta de uma direção (*veja também* Formas geométricas, pág. 14)

estufa: superproteção

exame: autocrítica ou consciência de ter aprendido alguma coisa

explosão: liberação de raiva ou de outros sentimentos instáveis

F

fábrica: *veja* Edifícios & geografia, pág. 12

montanha
expansão da consciência por meio do esforço contínuo
caverna/túnel/metrô
conhecimento enterrado ou traços de personalidade ignorados
deserto
sentir-se isolado ou solitário, fazer escolhas difíceis
cinema/teatro
drama pessoal
banco
beneficiar-se do conhecimento acumulado com as experiências de vida
fábrica
conformidade
restaurante/cafeteria
ser cuidado
selva
consciência do desenvolvimento em aspectos diversos
igreja/templo
moldando crenças
escola/biblioteca
aprendizado, estabelecimento de estruturas sociais
hotel
escape temporário
mar
emoções profundas
hospital
cura, eliminação do desconforto
mansão
descoberta de uma vasta vida interior e exterior
vulcão
liberação de raiva ou outra emoção

EDIFÍCIOS & GEOGRAFIA

Locais específicos que aparecem nos sonhos referem-se a situações da vida.

fantasma: culpa ou situação passada que requer resolução
fantoche: manipulação
fazenda: *veja* Edifícios & geografia, pág. 12
fechadura: necessidade de manter algo seguro
ferida: trauma passado que precisa ser curado
ferramentas: capacidade de moldar as circunstâncias
ferrovia: um resultado previsível
ferrugem: negligência ou envelhecimento
festa: celebração ou sentimentos relacionados a grupos/interações sociais
fila: *veja* esperar na fila
fio: *veja* corda
flor(es): estar enraizado, mas florescer; beleza transitória ou juventude
floresta: *veja* Edifícios & geografia, pág. 12
flutuar: liberdade, falta de apego ou expansão de limites
fogo: paixão ou mudança dramática
fome: apetites, necessidades físicas ou emocionais
fonte: emoções inconscientes vindo à tona
forno: *veja* Interiores & casa, pág. 16

flores/fonte

FORMAS GEOMÉTRICAS

círculo	**centralidade ou totalidade**
espiral	**ciclos repetitivos**
estrela	**aspiração**
linha	**limite**
quadrado	**fisicalidade ou realidade**
triângulo	**criatividade ou dinâmica de grupo**

frango: *veja* Animais, pág. 20
fumaça: pressentimento ou ansiedade relacionados a uma situação possivelmente perigosa
funeral: seguir em frente, dar fechamento a uma questão
furto: *veja* roubo

G

gaiola: percepção de limitações
galinha: *veja* Animais, pág. 20
garganta: *veja* pescoço
gato: *veja* Animais, pág. 20
gelo: isolamento emocional ou tentativa de "manter o sangue frio"
gigante: força de caráter ou comportamento responsável e maduro
girar o corpo: *veja* Posturas & movimentos, pág. 23
golfinho: *veja* Animais, pág. 20
gravidez: novas ideias ou desenvolvimento de algo precioso
guarda-chuva: proteção contra as próprias emoções ou mecanismos de enfrentamento

guarda-roupas: *veja* Interiores & casa, pág. 16
guerra: tensão interna ou conflito em curso
guerra nuclear: ansiedade sobre o futuro ou conflito desnecessário

H

hospital: *veja* Edifícios & geografia, pág. 12
hotel: *veja* Edifícios & geografia, pág. 12

I

igreja: *veja* Edifícios & geografia, pág. 12
ímã: força de atração ou repulsão
índigo: *veja* Cores, pág. 10
inimigo: o lado oposto obscuro da natureza da própria pessoa
injeção: influência externa forçada
insetos: irritação, algo que o incomoda
Internet: processos de conexão de pensamento ou conexão com outras pessoas
invasão: sentimento de limites sendo desrespeitados
inverno: *veja* Períodos do dia & estações, pág. 22

J

jabuti: *veja* Animais, pág. 20
jacaré: *veja* Animais, pág. 20
janela: *veja* Interiores & casa, pág. 16
jardim: *veja* Interiores & casa, pág. 16
jardineiro: *veja* Funções & ocupações, pág. 24
jogos: competição, brincadeira ou habilidade
joias: um aspecto valorizado do eu que atrai os outros
juiz: *veja* Funções & ocupações, pág. 24
júri: *veja* Funções & ocupações, pág. 24

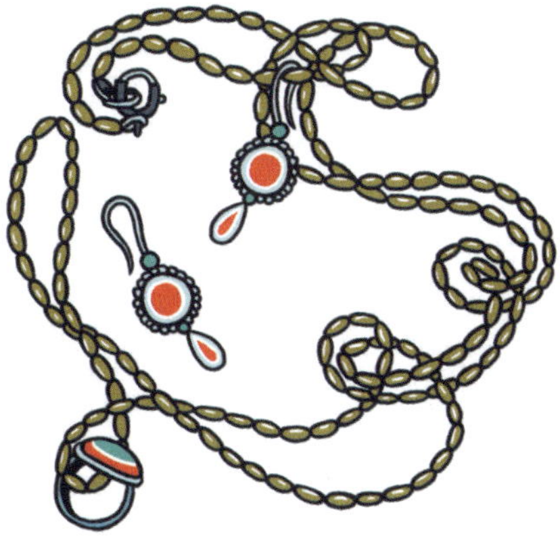

joias/nó

L

labirinto: elaboração dos padrões habituais para encontrar sua origem ou atuação sobre opiniões conflitantes
lagarto: *veja* Animais, pág. 20
lago: *veja* Edifícios & geografia, pág. 12
laranja: *veja* Cores, pág. 10
leão: *veja* Animais, pág. 20
lebre: *veja* Animais, pág. 20
leitura: aprendizado vindo de experiências passadas

lago/lua

telhado
segurança, mecanismos de enfrentamento
jardim
cultivo de certos aspectos do eu
janela
clareza, consciência das limitações, observação do interior ou exterior
escritório
relacionamento com o trabalho ou figuras de autoridade
escrivaninha
autodisciplina/motivação
cozinha
cuidado, criatividade
banheiro
privacidade
mesa
conexões sociais, comunidade
forno
afeto, transformação
máquina de lavar
resolução de desavenças superficiais

INTERIORES & CASA

Locais dentro da casa referem-se a aspectos do eu ou a atributos corporais.

lupa/máscara

leopardo: *veja* Animais, pág. 20
linha (ou fila): *veja* Formas geométricas, pág. 14 (*veja também* esperar na fila)
livro: conhecimentos acumulados e memórias
lobo: *veja* Animais, pág. 20
loja/compras: escolha ou desejo
lua: intuição, ciclos naturais, mistério
lupa: tornar uma situação maior do que ela é
luva(s): *veja* Vestuário, pág. 27
luz: esperança, *insight* ou consciência

M

macaco: *veja* Animais, pág. 20
mágico: *veja* Funções & ocupações, pág. 24
manhã: *veja* Períodos do dia & estações, pág. 22
mansão: *veja* Edifícios & geografia, pág. 12
mão(s): compreensão de uma situação
mapa: atravessar uma situação desconhecida
maquiagem: disfarce de suposta falha ou tentativa de passar uma impressão diferente para outras pessoas
máquina: hábitos ou "fazendo por fazer"
máquina de lavar: *veja* Interiores & casa, pág. 16
mar: *veja* Edifícios & geografia, pág. 12
marceneiro: *veja* Funções & ocupações, pág. 24
marinheiro: *veja* Funções & ocupações, pág. 24
mariposa: busca por *insight*
marisco: *veja* Animais, pág. 20
marrom: *veja* Cores, pág. 10
máscara: "rosto social" que esconde os sentimentos verdadeiros
matrimônio: sentimentos relacionados a compromissos ou acordos
mecânico: *veja* Funções & ocupações, pág. 24
médico: *veja* Funções & ocupações, pág. 24
mensagem: comunicação ou expansão da autoconsciência
mergulho: arriscar-se ou explorar sentimentos profundos
mesa: *veja* Interiores & casa, pág. 16
metrô: *veja* Edifícios & geografia, pág. 12
mochila: *veja* bolsa
moeda: algo de valor
montanha: *veja* Edifícios & geografia, pág. 12
motocicleta: inquietação ou seguir o próprio caminho
motorista de ônibus: *veja* Funções & ocupações, pág. 24

mariposa/nudez

movimento: *veja* Posturas & movimentos, pág. 23
multidão: anonimato
muro: *veja* Edifícios & geografia, pág. 12
museu: *veja* Edifícios & geografia, pág. 12

N

nadar: sobrevivência ou automotivação
nariz: manifestar curiosidade
nascimento: novos começos ou dar vida a um plano
navio: *veja* barco
neve: paz, pureza ou isolamento, dependendo do sentimento de quem sonha
nevoeiro: confusão, indecisão
ninho: circunstância propícia ao desenvolvimento de novos talentos ou habilidades
nó: tensão ou a sensação de manter a compostura
noite: *veja* Períodos do dia & estações, pág. 22
nudez: exposição ao escrutínio alheio ou abandono de "fachada"
números: *veja* Números, no quadro ao lado
nuvens: humor de quem sonha

óculos/peruca

NÚMEROS

0	potencial
1	clareza
2	dualidade, decisão, oposição
3	criatividade ou dinâmica de grupo/família
4	estrutura, estabilidade
5	mudança, crescimento, desequilíbrio
6	simetria, harmonia
7	reflexão, observação, introspecção
8	infinito ou regeneração
9	desfrute ou idealismo
10	realização

O

óculos: capacidade de ver claramente
odor: *veja* perfume
olho(s): compreensão do todo
ombro(s): carregar um fardo ou fornecer apoio
ônibus: experiência em grupo ou objetivo coletivo
operação: *veja* cirurgia
orelhas: ouvir, absorver informações
orquestra: integração de talentos ou cooperação social
ossos: encontrar força interior ou criar estrutura
ouro: *veja* Cores, pág. 10
outono: *veja* Períodos do dia & estações, pág. 22
OVNI: percepção de alguma mudança interna
ovo: potencial ou fertilidade

pássaros
imaginação, superação
cavalo
aproveitar a força interior e impulsos naturais
galinha
nutrir ou "bolar" um plano
porco
prazer sensorial, necessidades físicas, inteligência
burro
assunção de encargos ou obrigações
frango
falta de confiança
touro/boi
agressividade, ambição
vaca
generosidade
cachorro/lobo
devoção, lealdade
urso
instintos protetores
tartaruga/jabuti
introversão
cisne
elegância, dignidade
répteis/anfíbios
instintos primitivos
camundongo
preocupações, medos, sentimento de insignificância
lebre/coelho
intuição, ciclos de vida
cobra
energia primordial, cura
jacaré/crocodilo/lagarto
adaptabilidade, sobrevivência
pavão
orgulho, vaidade

ANIMAIS
Os animais representam instinto ou traços de personalidade.
coruja
sabedoria, percepção subconsciente
raposa
astúcia, inconformismo
cervo
gentileza, vulnerabilidade
corvo
desenvoltura
rato
dissimulação
papagaio
repetição de ideias ultrapassadas ou ideias alheias
gato
independência
leopardo/leão/tigre
paixão, coragem, orgulho
macaco
impulsividade, curiosidade
elefante
peso emocional
marisco
necessidade de proteção
golfinho
diversão
peixe
fluxo emocional
água-viva
sentimentos dolorosos
tubarão
ameaça ou senso de propósito
polvo
possessividade, embaraços emocionais

pássaro/pente

PERÍODOS DO DIA & ESTAÇÕES

inverno	fim de um ciclo, preparação para novos processos de crescimento
manhã	juventude ou começos
noite	introspecção, celebração ou medo
primavera	criatividade, novos processos de crescimento ou novos começos
outono	colheita, maturidade ou percepção do que já não é necessário
tarde	meia-idade, clareza ou consciência
verão	afetividade, prazer ou possibilidade

P

pacote: oportunidade inexplorada
padeiro: *veja* Funções & ocupações, pág. 24
pântano: *veja* Edifícios & geografia, pág. 12
papagaio: *veja* Animais, pág. 20
papel de parede: aparências superficiais ou algo encoberto
paralisia: medo limitante
paraquedas: habilidades para a vida ou mecanismos de enfrentamento
parque: *veja* Edifícios & geografia, pág. 12
parque de diversões: *veja* Edifícios & geografia, pág. 12
passagens: permitir-se algo
pássaros: *veja* Animais, pág. 20
patinação: graça ou equilíbrio
pátio de entrada: *veja* Interiores & casa, pág. 16
pavão: *veja* Animais, pág. 20
pé(s): encontrar o equilíbrio, definir os próximos passos
peito: *veja* coração
peixe: *veja* Animais, pág. 20
pelo: instinto animal ou sensação de conforto na própria pele
pena(s): falta de resistência
pente: reorganizar ou desenredar pensamentos
perfume: necessidade de criar uma atmosfera atrativa, ou uma boa ou má intuição (dependendo do tipo de cheiro)
pernas: tomar iniciativa
peruca: adotar determinado ponto de vista para agradar os outros
pesca: trazer sentimentos à tona
pescoço: conectar pensamentos e sentimentos
peso: responsabilidades, obrigações

pintura: sintetização e expressão de experiências passadas
pirâmide: consciência elevada
piscina: *veja* Edifícios & geografia, pág. 12
pobreza: sentimento de inadequação
pólen: fertilidade ou desejo de espalhar ideias
policial: *veja* Funções & ocupações, pág. 24
polvo: *veja* Animais, pág. 20
ponte: *veja* Edifícios & geografia, pág. 12
porão: *veja* Interiores & casa, pág. 16
porco: *veja* Animais, pág. 20
porta: *veja* Interiores & casa, pág. 16
posições: *veja* Posições & orientações, no quadro ao lado
posturas: *veja* Posturas & movimentos, no quadro ao lado
praia: abertura ou testemunho do "vai e vem" das emoções
prata: memórias ou reflexão
presente: algo dado ou recebido em relacionamentos
primavera: *veja* Períodos do dia & estações, pág. 22

penas/queda

POSIÇÕES & ORIENTAÇÕES

acima/abaixo	inferioridade/superioridade
atrás/na frente	passado/futuro
lado a lado	conectividade
oposição	confronto
perto/distante	intimidade/falta de intimidade

POSTURAS & MOVIMENTOS

agachado	afastamento, fuga
ajoelhado	humildade
andando	travessia
correndo	motivação (correr para) ou medo (correr de)
deitado de costas/deitado de bruços	liberação
em pé	envolvimento ou resolução
girar o corpo	mudança ou decisão
salto	assumir riscos
sentado	conforto ou complacência

prisão: *veja* Edifícios & geografia, pág. 12
professor: *veja* Funções & ocupações, pág. 24
pulmão: liberação de tensão
punição: ser duro consigo mesmo ou temer retribuição

ceramista
moldar os resultados
cientista
abertura à experimentação
médico
curar os outros, examinar as situações racionalmente
mecânico
detalhista
professor
capacidade de aprender
padeiro
planejamento, tempo, alquimia
advogado
tentativa de fazer a coisa certa
cozinheiro/chefe de cozinha
gosto e habilidade
alfaiate
ajustar ou trabalhar as expectativas dos outros
mágico
criar ilusões
desconhecido
parte desconhecida do eu

FUNÇÕES & OCUPAÇÕES

Funções e ocupações incorporados aos sonhos referem-se a aspectos da personalidade de quem sonha.

Q

quadrado: *veja* Formas geométricas, pág. 14
queda: perda de controle
quintal: *veja* Interiores & casa, pág. 16

R

rã: *veja* répteis/anfíbios, em Animais, pág. 20
radar: consciência antecipada de algo invisível
rádio: comunicação a grandes distâncias ou estar "na mesma *vibe*" que outras pessoas
rainha: *veja* Funções & ocupações, pág. 24
raio-X: exame dos fundamentos de determinadas crenças
raposa: *veja* Animais, pág. 20
rato: *veja* Animais, pág. 20
rei: *veja* Funções & ocupações, pág. 24
relâmpago: *insight* repentino
remédio: necessidade de sair de uma situação insalubre
répteis: *veja* Animais, pág. 20
restaurante: *veja* Edifícios & geografia, pág. 12

pólen/rádio

reunião: sentimento relacionado à tomada de decisões em grupo ou a ideia de diferentes aspectos da personalidade se reunindo
rio: *veja* Edifícios & geografia, pág. 12
rocha: força ou realidade
roda: mover-se ou manter as coisas "acontecendo"
rosto: expressão de identidade
roubo: sentir-se indigno ou desrespeitado
roupas de baixo: *veja* Vestuário, pág. 27

S

sabonete: novo começo ou necessidade de se retratar
sacada: *veja* Interiores & casa, pág. 16
salto: *veja* Posturas & movimentos, pág. 23
sangue: observação do fluxo emocional ou espiritual
sapatos: *veja* Vestuário, pág. 27
sapo: *veja* répteis/anfíbios, em Animais, pág. 20
sede: consciência das necessidades emocionais
selva: *veja* Edifícios & geografia, pág. 12
sentado: *veja* Posturas & movimentos, pág. 23
***shampoo*:** "lavar", abandonar velhas atitudes ou sentimentos
silêncio: sentimentos não ditos ou necessidade de ouvir
sino: sinal para prestar atenção
sol: conhecimento consciente, afetividade ou vitalidade
soldado: *veja* Funções & ocupações, pág. 24
sombras: aspectos desconhecidos do eu ou capacidade de ver contrastes
submarino: exploração segura de emoções profundas
surfar: confiança no trato das emoções

T

tapeçaria: conexão de linhas e caminhos, atenção ao todo

tapete: *veja* Interiores & casa, pág. 16

tarde: *veja* Períodos do dia & estações, pág. 22

tartaruga: *veja* Animais, pág. 20

tatuagem: identidade tribal, exibição de crenças ou memória indelével

táxi: necessidade de pedir ajuda

teatro: *veja* Edifícios & geografia, pág. 12

teia: sensação de apoio ou ameaça

telefone: comunicação à distância ou contato com um aspecto distante do eu

telescópio: ponto de vista objetivo

televisão: observar os próprios valores, políticas ou crenças

telhado: *veja* Interiores & casa, pág. 16

tempestade: paixão ou emoções conflitantes

templo: *veja* Edifícios & geografia, pág. 12

termômetro: observação do clima em torno de uma situação ou resposta calculada

terno: *veja* Vestuário, no quadro ao lado

terrário: *veja* estufa

terremoto: insegurança, tensão profunda ou fim da dependência de algo ou alguém

tesoura: remover alguém ou algo da sua vida

tesouro: riqueza de experiências de vida

teste: *veja* exame

tigre: *veja* Animais, pág. 20

tornado: impotência ou perda de controle

totem: conexão com uma fonte primordial ou vínculos com o passado

touro: *veja* Animais, pág. 20

travesseiro: conforto, apoio

trem: *veja* ferrovia

triângulo: *veja* Formas geométricas, pág. 14

tubarão: *veja* Animais, pág. 20

túmulo: ter sentimentos em relação à morte; colocar um ponto-final a esperanças passadas ou encerrar algo

túnel: *veja* Edifícios & geografia, pág. 12

U

uniforme: conformidade ou demonstração de autoridade

ursinho de pelúcia: necessidade de conforto ou acolhida

urso: *veja* Animais, pág. 20

V

vaca: *veja* Animais, pág. 20

vácuo: desprendimento de compromisso ou possibilidade

vampiro: relacionamento emocionalmente desgastante

varrer: abandonar velhas atitudes

vaso: capacidade de crescimento ou receptividade

VESTUÁRIO

casaco	o eu público
chapéu	os pensamentos/ atitudes que dirigimos ao outro
cinto	contenção
luvas	proteção
roupas de baixo	intimidade
sapatos	traços de caráter desenvolvidos para lidar com situações da vida
terno	formalidade

vazamento: desperdício de energia, sentimento de esgotamento

veado: *veja* Animais, pág. 20

veneno: aviso sobre necessidade de evitar uma situação potencialmente prejudicial

vento: ser movido por um sentimento ou ideia

verão: *veja* Períodos do dia & estações, pág. 22

verde: *veja* Cores, pág. 10

vermelho: *veja* Cores, pág. 10

viagem: exploração de diferentes perspectivas

voar: livrar-se de compromissos, tornar-se independente

vulcão: *veja* Edifícios & geografia, pág. 12

Z

zíper: capacidade de esconder rapidamente sentimentos mais profundos

zoológico: *veja* Edifícios & geografia, pág. 12

zumbi: sensação de "fazer por fazer" ou falta de autonomia

DIÁRIO

Sempre que dormimos, sonhamos, mas nem sempre nos lembramos dos nossos sonhos. A maioria é esquecida por conta da relativa desativação da memória de curto prazo que ocorre durante o ciclo do sono. Registrar um sonho imediatamente ao acordar é uma das maneiras mais eficazes de evitar que ele caia no esquecimento.

Aqueles que consideram os sonhos importantes também têm uma probabilidade muito maior de lembrar-se deles. Talvez essa seja a razão pela qual culturas e religiões que reverenciam os sonhos tenham desenvolvido rituais para compartilhá-los entre as pessoas.

Mantenha este livro na cabeceira da sua cama e use as páginas a seguir para documentar, analisar e processar seus sonhos. Registre breves descrições do que você se lembra antes da sua mente despertar completamente, ou vá ainda mais fundo e escreva três ou quatro páginas seguidas. Desbloqueie seu subconsciente e veja onde ele o leva.

Criar um ritual pré-sono pode ajudá-lo a ter uma atitude positiva em relação aos sonhos e a lembrar-se deles com maior facilidade. Aqui vão algumas dicas:

— 1 —

Defina uma intenção antes de dormir; tente pensar ou dizer em voz alta: "Conseguirei me lembrar dos sonhos que terei nesta noite".

— 2 —

Certifique-se de reservar tempo suficiente exclusivamente para dormir, sem distrações. A maioria dos sonhos ocorre durante o sono REM, então isso aumentará suas chances de recordá-los posteriormente.

— 3 —

Mantenha um horário regular de sono para garantir que você durma tempo suficiente toda noite.

— 4 —

Fique pelo menos uma hora longe de qualquer dispositivo eletrônico (telefones, *tablets*, *laptops*) antes de ir para a cama. Aproveite essa hora para escrever sobre o seu dia ou ler um livro impresso (em vez de um *e-book*), a fim de liberar as sobras do estresse acumulado durante o dia e clarear sua mente. (Se não conseguir se comprometer a ficar longe das telas por um tempo antes de dormir, pelo menos altere as configurações de luz dos seus dispositivos para "modo noturno".)

— 5 —

Medite, mesmo que seja apenas por três minutos, para acalmar a mente.

Aqui vão algumas ideias para usar o simbolismo dos sonhos como ponto de partida para um diário intuitivo:

— 1 —

Você tem algum sonho particularmente vívido ou recorrente? Descreva-o e reflita sobre seus possíveis significados.

— 2 —

Existe algum local, pessoa ou sentimento específico que apareça com frequência em seus sonhos? Reflita sobre seu significado.

— 3 —

Escolha um símbolo entre os apresentados no dicionário e use-o como ponto de partida para a autorreflexão. Formular perguntas acerca do símbolo e seu significado pode abrir-lhe novas perspectivas.

Por exemplo, se você escolher "macaco" (cujo significado é impulsividade e curiosidade), você pode fazer perguntas como: *De que forma sou impulsivo? De que forma sou cauteloso? Pelo que tenho curiosidade no momento?*

— 4 —

Você consegue encontrar algum paralelo entre os sonhos que tem enquanto está dormindo e os "sonhos" que tem enquanto está acordado (em outras palavras, seus objetivos ou aspirações)?

— 5 —

Escolha um dos símbolos apresentados no dicionário e descreva-o como se outra pessoa fosse ler e não fizesse a menor ideia do que se trata. Veja se isso conduz a alguma associação interessante.

Por exemplo, se você escolher "floresta", você pode escrever: *Uma vasta distância coberta por árvores.* Arrisque-se a incluir mais detalhes e você será capaz de descrever os sons, os cheiros e os sentimentos que você associa a uma floresta.

Com o tempo, esse exercício o deixará mais seguro para analisar as imagens e as narrativas que aparecem em seus sonhos.

DESCRIÇÃO DO SONHO

DATA

__/__/__

DESCRIÇÃO DO SONHO

DATA

___/___/___

DESCRIÇÃO DO SONHO

DATA

___/___/___

DESCRIÇÃO DO SONHO

DATA

__/__/__

DESCRIÇÃO DO SONHO

DATA

__/__/__

DESCRIÇÃO DO SONHO

DATA

___/___/___

DESCRIÇÃO DO SONHO

DATA

___/___/___

DESCRIÇÃO DO SONHO

DATA

___/___/___

DESCRIÇÃO DO SONHO

DATA

___/___/___

DESCRIÇÃO DO SONHO

DATA

___/___/___

DESCRIÇÃO DO SONHO

DATA

___/___/___

DESCRIÇÃO DO SONHO

DATA

___/___/___

DESCRIÇÃO DO SONHO

DATA

__/__/__

DESCRIÇÃO DO SONHO

DATA

___/___/___

DESCRIÇÃO DO SONHO

DATA

__/__/__

DESCRIÇÃO DO SONHO

DATA

___/___/___

DESCRIÇÃO DO SONHO

DATA

__/__/__

DESCRIÇÃO DO SONHO

DATA

___/___/___

DESCRIÇÃO DO SONHO

DATA

__/__/__

DESCRIÇÃO DO SONHO

DATA

__/__/__

DESCRIÇÃO DO SONHO

DATA

__/__/__

DESCRIÇÃO DO SONHO

DATA

___/___/___

DESCRIÇÃO DO SONHO

DATA

__/__/__

DESCRIÇÃO DO SONHO DATA

___/___/___

DESCRIÇÃO DO SONHO

DATA

___/___/___

DESCRIÇÃO DO SONHO

DATA

___/___/___

DESCRIÇÃO DO SONHO

DATA

__/__/__

DESCRIÇÃO DO SONHO

DATA

___/___/___

DESCRIÇÃO DO SONHO

DATA

___/___/___

DESCRIÇÃO DO SONHO

DATA

__/__/__

DESCRIÇÃO DO SONHO

DATA

__/__/__

DESCRIÇÃO DO SONHO

DATA

__/__/__

DESCRIÇÃO DO SONHO

DATA

___/___/___

DESCRIÇÃO DO SONHO

DATA

___/___/___

DESCRIÇÃO DO SONHO

DATA

___/___/___

DESCRIÇÃO DO SONHO

DATA

___/___/___

DESCRIÇÃO DO SONHO

DATA

___/___/___

DESCRIÇÃO DO SONHO

DATA

___/___/___

DESCRIÇÃO DO SONHO

DATA

___/___/___

DESCRIÇÃO DO SONHO

DATA

___/___/___

DESCRIÇÃO DO SONHO

DATA

___/___/___

DESCRIÇÃO DO SONHO

DATA

___/___/___

DESCRIÇÃO DO SONHO

DATA

__/__/__

DESCRIÇÃO DO SONHO

DATA

__/__/__

DESCRIÇÃO DO SONHO

DATA

___/___/___

DESCRIÇÃO DO SONHO

DATA

___/___/___

DESCRIÇÃO DO SONHO

DATA

___/___/___

DESCRIÇÃO DO SONHO

DATA

__/__/__

DESCRIÇÃO DO SONHO

DATA

___/___/___

DESCRIÇÃO DO SONHO

DATA

__/__/__

DESCRIÇÃO DO SONHO

DATA

___/___/___

DESCRIÇÃO DO SONHO

DATA

__/__/__

DESCRIÇÃO DO SONHO

DATA

__/__/__

DESCRIÇÃO DO SONHO

DATA

___/___/___

DESCRIÇÃO DO SONHO

DATA

___/___/___

DESCRIÇÃO DO SONHO | DATA

___/___/___

DESCRIÇÃO DO SONHO

DATA

___/___/___

DESCRIÇÃO DO SONHO

DATA

___/___/___

DESCRIÇÃO DO SONHO

DATA

___/___/___

DESCRIÇÃO DO SONHO

DATA

__/__/__

DESCRIÇÃO DO SONHO

DATA

__/__/__

DESCRIÇÃO DO SONHO

DATA

___/___/___

DESCRIÇÃO DO SONHO

DATA

__/__/__

DESCRIÇÃO DO SONHO

DATA

___/___/___

DESCRIÇÃO DO SONHO

DATA

__/__/__

DESCRIÇÃO DO SONHO

DATA

___/___/___

DESCRIÇÃO DO SONHO

DATA

__/__/__

DESCRIÇÃO DO SONHO

DATA

__/__/__

DESCRIÇÃO DO SONHO

DATA

__/__/__

DESCRIÇÃO DO SONHO

DATA

__/__/__

DESCRIÇÃO DO SONHO

DATA

__/__/__

DESCRIÇÃO DO SONHO

DATA

___/___/___

DESCRIÇÃO DO SONHO

DATA

__/__/__

DESCRIÇÃO DO SONHO

DATA

___/___/___

DESCRIÇÃO DO SONHO

DATA

___/___/___

DESCRIÇÃO DO SONHO

DATA

___/___/___

DESCRIÇÃO DO SONHO

DATA

___/___/___

DESCRIÇÃO DO SONHO

DATA

___/___/___

DESCRIÇÃO DO SONHO

DATA

___/___/___

DESCRIÇÃO DO SONHO

DATA

___/___/___

DESCRIÇÃO DO SONHO

DATA

__/__/__

DESCRIÇÃO DO SONHO

DATA

__/__/__

DESCRIÇÃO DO SONHO

DATA

___/___/___

DESCRIÇÃO DO SONHO

DATA

___/___/___

DESCRIÇÃO DO SONHO

DATA

__/__/__

DESCRIÇÃO DO SONHO

DATA

___/___/___

DESCRIÇÃO DO SONHO

DATA

___/___/___

DESCRIÇÃO DO SONHO

DATA

___/___/___

DESCRIÇÃO DO SONHO

DATA

__/__/__

DESCRIÇÃO DO SONHO

DATA

__/__/__

DESCRIÇÃO DO SONHO

DATA

___/___/___

DESCRIÇÃO DO SONHO

DATA

___/___/___

DESCRIÇÃO DO SONHO

DATA

__/__/__

DESCRIÇÃO DO SONHO

DATA

__/__/__

DESCRIÇÃO DO SONHO

DATA

___/___/___

DESCRIÇÃO DO SONHO

DATA

___/___/___

DESCRIÇÃO DO SONHO

DATA

__/__/__

DESCRIÇÃO DO SONHO

DATA

__/__/__

DESCRIÇÃO DO SONHO

DATA

___/___/___

DESCRIÇÃO DO SONHO

DATA

___/___/___

DESCRIÇÃO DO SONHO

DATA

___/___/___

DESCRIÇÃO DO SONHO

DATA

__/__/__

DESCRIÇÃO DO SONHO

DATA

___/___/___

DESCRIÇÃO DO SONHO

DATA

__/__/__

DESCRIÇÃO DO SONHO

DATA

__/__/__

DESCRIÇÃO DO SONHO

DATA

___/___/___

DESCRIÇÃO DO SONHO

DATA

___/___/___

DESCRIÇÃO DO SONHO

DATA

__/__/__

DESCRIÇÃO DO SONHO

DATA

__/__/__

DESCRIÇÃO DO SONHO

DATA

___/___/___

DESCRIÇÃO DO SONHO

DATA

___/___/___

DESCRIÇÃO DO SONHO

DATA

___/___/___

DESCRIÇÃO DO SONHO

DATA

__/__/__

DESCRIÇÃO DO SONHO

DATA

___/___/___

DESCRIÇÃO DO SONHO

DATA

__/__/__

DESCRIÇÃO DO SONHO

DATA

___/___/___

DESCRIÇÃO DO SONHO

DATA

___/___/___

DESCRIÇÃO DO SONHO

DATA

___/___/___

DESCRIÇÃO DO SONHO

DATA

__/__/__

DESCRIÇÃO DO SONHO

DATA

___/___/___

DESCRIÇÃO DO SONHO

DATA

__/__/__

DESCRIÇÃO DO SONHO

DATA

___/___/___

DESCRIÇÃO DO SONHO

DATA

___/___/___

DESCRIÇÃO DO SONHO

DATA

___/___/___

DESCRIÇÃO DO SONHO

DATA

___/___/___

LEITURA ADICIONAL

The Complete A to Z Dictionary of Dreams por Ian Wallace, Health Communications Inc., 2014

Dicionário de símbolos por Jean Chevalier e Alain Gheerbrant, Editora José Olympio, 2020

Dream Dictionary: An A to Z Guide to Understanding Your Unconscious Mind por Tony Crisp, Dell Books, 2002

Dreaming in the World's Religions: A Comparative History por Kelly Bulkeley, New York University Press, 2008

Sonhos por C. G. Jung, Editora Vozes, 2021

Our Dreaming Mind por Robert L. Van de Castle, Ph.D., Ballantine Books, 1994

TÍTULO ORIGINAL *Dreamer's Journal*

DIREÇÃO EDITORIAL Marco Garcia
TRADUÇÃO Noadia Fialho | Ab Aeterno
EDIÇÃO DE TEXTO Camile Mendrot | Ab Aeterno
PREPARAÇÃO Lívia Pupo | Ab Aeterno
REVISÃO Juliana Bormio
DESIGN DO LIVRO Jessie Kaye
DESIGN DA CAPA Caitlin Keegan
DIAGRAMAÇÃO WAP Studio

Dados Internacionais de Catalogação na Publicação (CIP)
(Câmara Brasileira do Livro, SP, Brasil)

Keegan, Caitlin
Diário dos sonhos / Caitlin Keegan; [tradução Noadia Fialho]. – Cotia, SP: VR Editora, 2022.

Título original: Dreamer's Journal
ISBN 978-85-507-0360-2

1. Sonhos 2. Subconsciente I. Título.

22-124938 CDD-154.63

Índices para catálogo sistemático:
1. Sonhos: Interpretação: Psicologia 154.63
Cibele Maria Dias – Bibliotecária – CRB-8/9427

VR EDITORA S.A.
Via das Mongólias, 327 - Sala 01 | Jardim Colibri
CEP 06713-270 | Cotia | SP
Tel.: (+55 11) 4702-9148
vreditoras.com.br | editoras@vreditoras.com.br

SUA OPINIÃO É MUITO IMPORTANTE
Mande um e-mail para **opiniao@vreditoras.com.br** com o título deste livro no campo "Assunto".

1ª edição, out. 2022
FONTES Tarot regular 16/16pt, Interstate light 9,5/16pt, Interstate bold/light 8/11,6pt
PAPEL Offset 150g/m²
IMPRESSÃO Gráfica Santa Marta
LOTE MSG220901

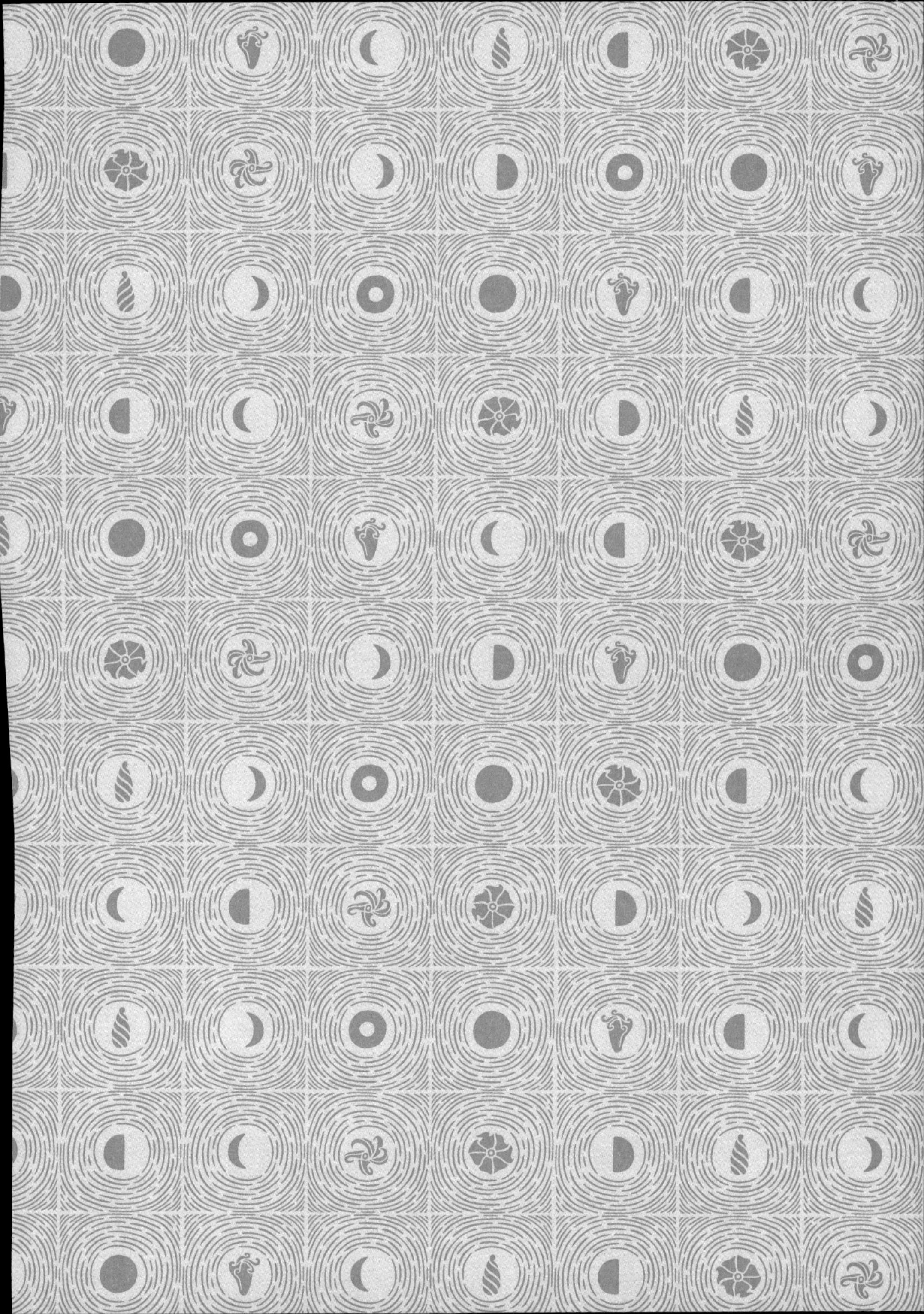

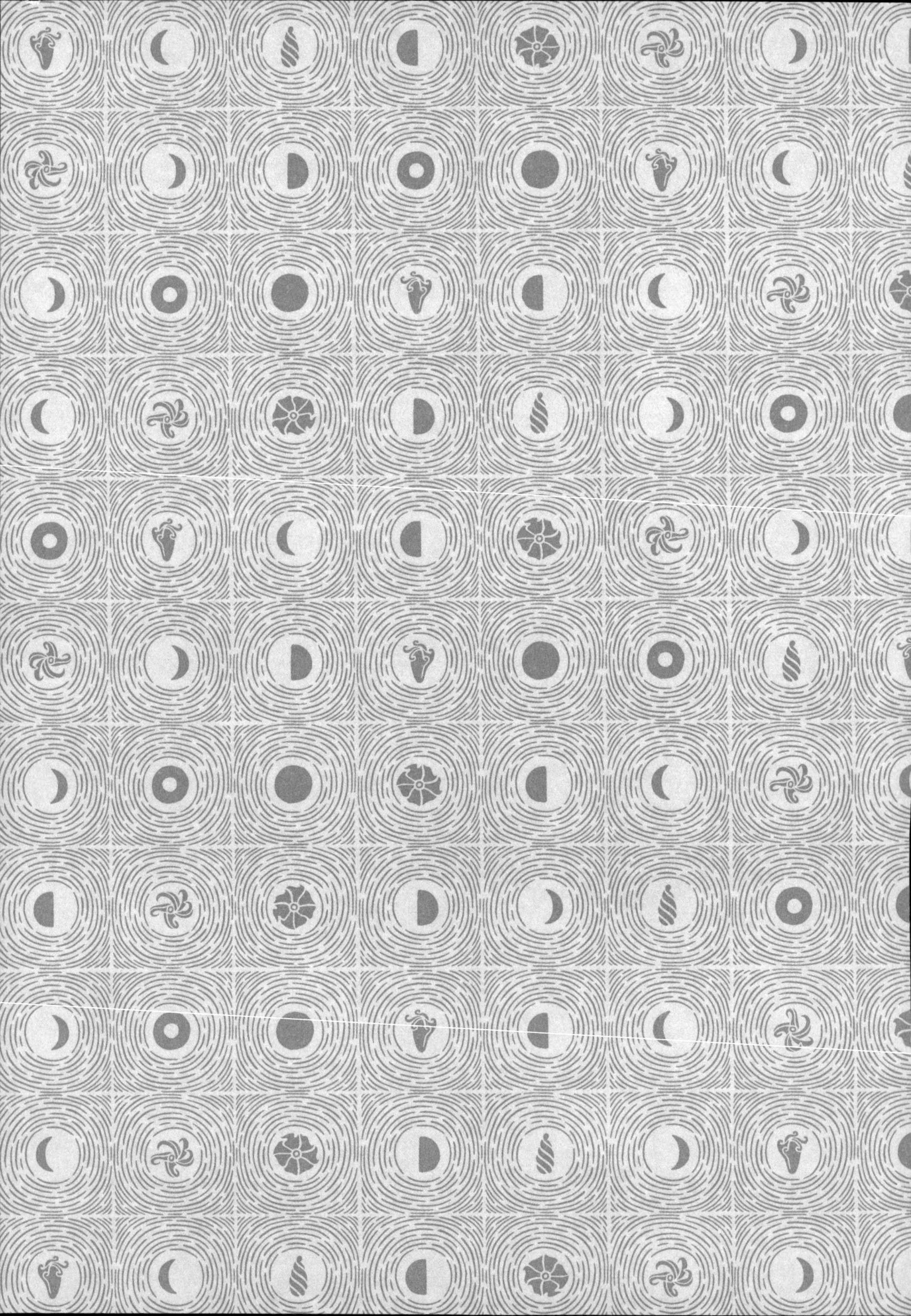